I Love My BABY

Sebastien Braun

Boxer Books

I kiss my baby
every morning.

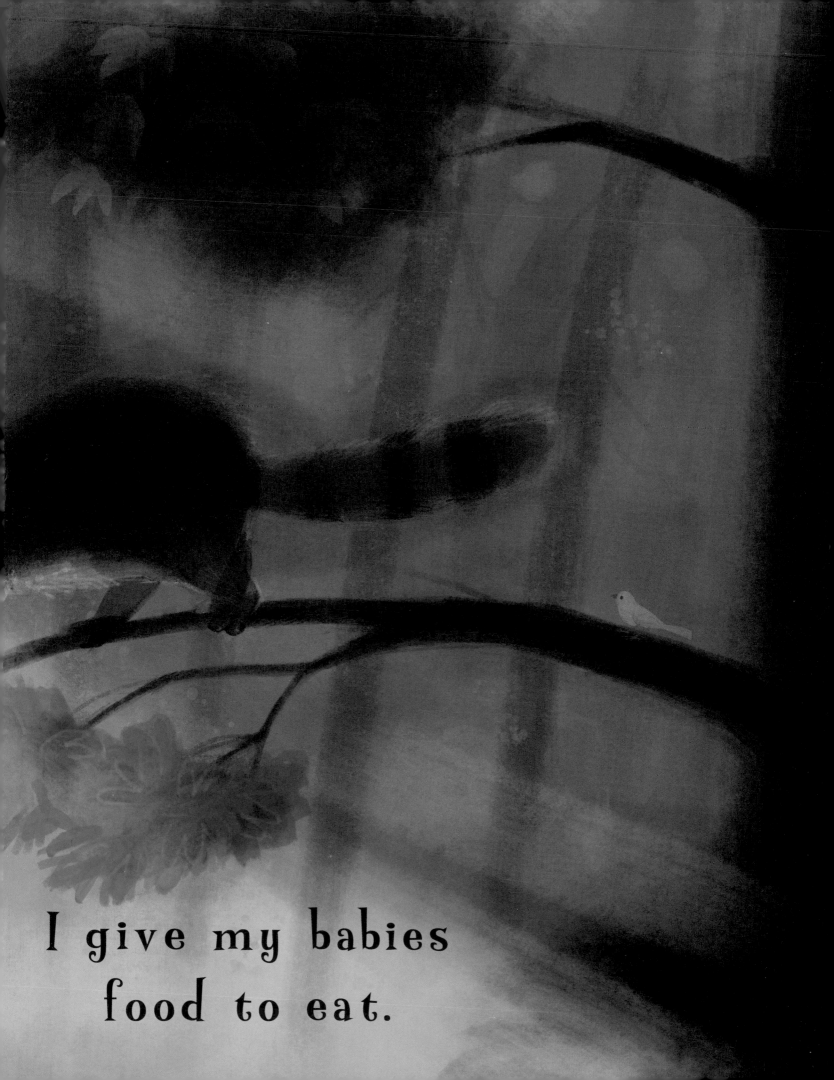

I give my babies
food to eat.

I bring my babies
sweet surprises.

I love to take
my baby sailing.

I teach my babies
to swim at the pond.

When it rains
I like taking
long naps
with my baby.

I love it when my
babies run to me.

I watch
my baby
play in
the woods.

I keep my baby
cosy and warm.

I love to
sing songs
with
my baby.

I give my baby
big snuggly hugs.

I love my baby.